Inhalt

Lebenszeichen der britischen und französischen Wirtschaft - nur Italien tritt auf der Stelle

Kernthesen

Beitrag

Fallbeispiele

Weiterführende Literatur

Impressum

Lebenszeichen der britischen und französischen Wirtschaft - nur Italien tritt auf der Stelle

Robert Reuter

Kernthesen

- Die britische Wirtschaft kann nach langen Jahren der Stagnation wieder Wachstumszahlen präsentieren.
- Die Grundprobleme Großbritanniens sind damit jedoch noch nicht gelöst. Nach wie vor ist die Produktivität äußerst niedrig, zudem liegen die Staatsschulden auf Rekordhöhe.
- Auch Frankreichs Wirtschaft sendet

Erholungszeichen, die sich aber noch nicht auf die hohe Zahl der Arbeitslosen auswirken.
- Italiens Wirtschaft wird auch in diesem Jahr schrumpfen.

Beitrag

Die britische Volkswirtschaft auf Erholungskurs

Die noch immer von den Folgen der Finanzkrise gebeutelte britische Wirtschaft hat im zweiten Quartal dieses Jahres unerwartete Lebenszeichen gesendet. Erreicht wurde ein BIP-Wachstum von 0,7 Prozent, womit die britische Wirtschaft stärker wuchs als jene der meisten anderen EU- oder G7-Staaten. Zwischen Juni und August betrug das Wachstum sogar 0,9 Prozent - ein Wert, der in den drei Jahren davor nie erreicht worden war. Insgesamt wird die Insel 2013 einen BIP-Anstieg um 1,2 bis 1,5 Prozent erreichen, für das kommende Jahr sind sogar bis zu 2,3 Prozent prognostiziert. Damit könnte das reale Bruttoinlandsprodukt erstmals wieder auf das Vorkrisenniveau zurückkehren.

Getragen wird die Erholung der britischen

Volkswirtschaft hauptsächlich vom dominierenden Dienstleistungssektor. Auch die industrielle Produktion legt in diesem Jahr erstmals wieder nennenswert zu. Der Binnenmarkt erhält Impulse aus der finanziellen Ausstattung der privaten Haushalte, die sich ebenfalls zu erholen scheinen. Infolge der Wirtschafts- und Finanzkrise hatten die Haushalte empfindliche Einbußen bei den verfügbaren Einkommen erlitten. Von der neuen Entwicklung profitiert der Einzelhandel, der zwischen Mai und Juli 2013 gegenüber dem Vorjahreszeitraum um 2,3 Prozent zulegte.

Ein Schwachpunkt bei der konjunkturellen Entwicklung im Vereinigten Königreich bleibt jedoch die Investitionstätigkeit. Nach wie vor halten sich die Unternehmen bei der Modernisierung von Gebäuden und Anlagen stark zurück. Staatliche Impulse fehlen ebenfalls, denn die Haushaltssanierung hat in London immer noch Vorrang. Überraschend hoch fielen indessen die Zuwächse beim Wohnungsbau aus. Hier stiegen die Investitionen zwischen April und Juni im Vergleich mit dem Vorjahresquartal um 13,3 Prozent. [(1)](#)

Erfolge im Außenhandel

Mit einem Plus von 4,9 Prozent hat auch die britische Exportwirtschaft Anteil am derzeitigen Aufschwung.

Die Ausfuhren hatten im zweiten Quartal einen Wert von 92 Milliarden Euro erreicht, das Handelsbilanzdefizit fiel mit 29,5 Milliarden Euro um elf Prozent geringer aus als im Vorjahreszeitraum.

Von der Erholung der britischen Wirtschaft profitieren auch deutsche Unternehmen. So konnten die Exporte ins Vereinigte Königreich zwischen Januar und Mai 2013 auf 37 Milliarden Euro und damit um 4,6 Prozent im Vergleich mit dem Vorjahreszeitraum gesteigert werden. Besonders stark legten die deutschen Ausfuhren von Chemie- und Pharmaerzeugnissen zu, bei Kraftfahrzeugen wurde ein Plus von 8,8 Prozent erreicht. Der Export von Stahl und Stahlerzeugnissen ging hingegen um 25 Prozent zurück. [1]

Produktivität bleibt niedrig

Die positiven Zahlen aus Großbritannien können jedoch nicht verdecken, dass die Wirtschaft im Vereinigten Königreich nach wie vor etliche Defizite aufweist. So haben die Unternehmen weiterhin große Probleme mit der Produktivität. Diese lag im vergangenen Jahr um 16 Prozentpunkte unter den Werten der anderen G7-Staaten und ist derzeit auf dem Stand des Jahres 1994. Noch schlechter steht es um die Produktivität, wenn man die geleisteten Arbeitsstunden mit dem Bruttoinlandsprodukt ins

Verhältnis setzt. Demnach liegt die britische Produktivität um satte 24 Prozent unter der deutschen und der französischen und sogar 29 Prozent unter der der US-amerikanischen Unternehmen. Nur in Japan ist die Produktivität noch niedriger als im Königreich. (2), (3)

Abhängigkeit vom Bankensektor

Die Wirtschaft Großbritanniens gründet sich stark auf (Finanz-)dienstleistungen und auf den Bankenplatz London. Diese Grundstruktur hat dafür gesorgt, dass das Land infolge der Verwerfungen von 2008/2009 wirtschaftlich besonders schlimm unter die Räder kam. Die ungesunde Fixierung auf Dienstleistungen und Bankgeschäfte hat die britische Wirtschaft angreifbar gemacht, da gleichzeitig die industrielle Basis in der weltweit sechstgrößten Volkswirtschaft stark geschrumpft ist. 77 Prozent der britischen Wirtschaftsleistung gehen heute auf den Dienstleistungssektor zurück.

Um der fortschreitenden De-Industrialisierung entgegenzuwirken, wird derzeit das so genannte "Rebalancing" proklamiert, womit die Rückkehr zu einer ausbalancierten Wirtschaft mit einem starken industriellen Sektor gemeint ist. Zu den Initiativen gehört die Gründung einer Mittelstandsbank, die sich die deutsche Kreditanstalt für Wiederaufbau (KfW) zum Vorbild genommen hat. Experten glauben allerdings nicht, dass sich der seit Jahrzehnten zu konstatierende Niedergang der einst berühmten britischen Industrie aufhalten lässt. So wird die Londoner Regierung wohl weiterhin im Schwitzkasten der allmächtigen Banken-City stecken und sich ihren Forderungen beugen müssen.

Ein Grundproblem der britischen Wirtschaft bleibt zudem die hohe Staatsverschuldung, die seit 2008 explosionsartig zugenommen hat. Wegen der niedrigen Produktivität und der bis 2012 überaus flauen Konjunktur ist die Kreditwürdigkeit Großbritanniens von der US-amerikanischen Ratingagentur Moody´s erst im Februar dieses Jahres von der Bestnote AAA auf Aa1 heruntergestuft worden. (4)

Trends

Auch Frankreich sendet Signale der Erholung

Auch die französische Wirtschaft scheint sich schneller aus dem Konjunkturtief zu befreien, als von Experten erwartet. Noch vor kurzem war für dieses Jahr ein Rückgang des Bruttoinlandsprodukts um 0,1

Prozent erwartet worden, der jetzt aber auf plus 0,2 Prozent korrigiert wurde. Zudem soll der weitere Anstieg der Arbeitslosenzahlen zu Ende gehen. Mit rund elf Prozent befindet sich die Arbeitslosenquote allerdings nach wie vor auf Rekordniveau. Dennoch ist Paris für das kommende Jahr optimistisch und glaubt an ein Wirtschaftswachstum von etwa einem Prozent.

Verabschieden muss sich Frankreich jedoch von der ausgegebenen Zielmarke, bis 2017 einen ausgeglichenen Haushalt zu präsentieren. Dies würde bedeuten, dass der von der EU gewährte Aufschub bis 2015 auch nicht ausreicht, um den Haushalt auszugleichen. Frankreich steht damit ein schwieriger Gang nach Brüssel bevor. (5), (6)

Fallbeispiele

Italien schlingert weiter

Italien befindet sich seit dem Rücktritt von fünf Ministern weiter in einer virulenten Regierungskrise. Diese politische Instabilität stellt nach Ansicht des Internationalen Währungsfonds, der OECD und der EU-Kommission ein großes Risiko für die italienische Wirtschaft dar. Auch der italienische

Industrieverband geht davon aus, dass die Wirtschaft auf dem Stiefel bei anhaltender parlamentarischer Instabilität bis Ende 2015 kein Wachstum verzeichnen wird. Schon heute sind die Zahlen nicht rosig. 2012 schrumpfte die italienische Wirtschaft um 2,4 Prozent, im laufenden Jahr wird es ein voraussichtliches Minus von 1,7 Prozent geben. Die Staatsschulden stiegen im letzten Jahr auf rekordverdächtige 127 Prozent des Bruttoinlandsprodukts. Zum Vergleich: In Deutschland lag das Defizit bei 81 Prozent, in Großbritannien und Frankreich bei rund 90 Prozent. Direkten Einfluss auf die Wirtschaft hatte das Regierungschaos bei der eigentlich beabsichtigten Verschiebung der konsumhemmenden Mehrwertsteuer. Da eine Einigung nicht gelang, beträgt die Mehrwertsteuer in Italien nun 22 statt 21 Prozent. [(7)](), [(8)]()

Deutsche Konjunktur stottert

Die deutsche Industrie hat im August dieses Jahres im Vergleich zum Vormonat 0,3 Prozent weniger Aufträge erhalten. Die Hoffnung auf einen deutlichen Anstieg, wie er von Volkswirten erwartet worden war, erfüllte sich damit nicht. Eingeknickt sind insbesondere die Auslandsorders, die um 2,1 Prozent abnahmen. Gleich um 5,4 Prozent gingen im

Vorjahresvergleich die Exporte zurück. Positiv vermerkt wurde indessen der Anstieg der Inlandsnachfrage nach Investitionsgütern; er legte um 4,7 Prozent zu. Insgesamt wird damit klar, dass die deutsche Wirtschaft die Rekordzahlen aus dem Vorjahr nicht wird wiederholen können. (9)

Weiterführende Literatur

(1) Britische Wirtschaft nimmt Fahrt auf
aus BfAI - Märkte im Ausland

(2) Britische Wirtschaft hinkt weiter hinterher
aus Berliner Morgenpost online, 20.09.2013, 17:47:06

(3) Aufschwung mit einigen Tücken Spezial Derivate Großbritannien Die Wirtschaft auf der Insel kommt in Schwung, vor allem dank Konsum auf Pump und steigender Immobilienpreise. Die Notenbank leistet Schützenhilfe mit niedrigen Zinsen. Trotz Risiken können Anleger profitieren
aus Euro am Sonntag, 21.09.2013, Nr. 38, S. 22 - 23

(4) Britische Wirtschaft wendet Rezession ab
aus Handelsblatt online vom 25.04.2013

(5) Positive Konjunkturprognose für Frankreich
aus Handelsblatt online vom 04.10.2013

(6) Frankreich verfehlt Defizitziele
aus Handelsblatt Nr. 190 vom 02.10.2013 Seite 016

(7) Politische Instabilität in Italien belastet die Wirtschaft
aus BfAI - Märkte im Ausland

(8) Infiziert Italien den Euro?
aus Focus, 07.10.2013; Ausgabe: 41; Seite: 68-72

(9) Der Aufschwung wird vertagt Die deutsche Konjunktur kommt nicht in Fahrt - Auftragseingang und Außenhandel im August enttäuschen
aus Börsen-Zeitung, 09.10.2013, Nummer 193, Seite 6

Impressum

Lebenszeichen der britischen und französischen Wirtschaft - nur Italien tritt auf der Stelle

Bibliografische Information der deutschen Nationalbibliothek

Die Deutsche Nationalbibliothek verzeichnet diese Publikation in der deutschen Nationalbibliografie; detaillierte bibliografische Daten sind im Internet über http://dnb.d-nb.de abrufbar.

ISBN: 978-3-7379-1706-3

© 2015 GBI-Genios Deutsche Wirtschaftsdatenbank GmbH, Freischützstraße 96, 81927 München, www.genios.de

Alle Rechte vorbehalten. Dieses Werk ist einschließlich aller seiner Teile – z.B. Texte, Tabellen und Grafiken - urheberrechtlich geschützt. Jede Verwertung außerhalb der Grenzen des Urheberrechtsgesetzes bedarf der vorherigen Zustimmung des Verlags. Dies gilt insbesondere auch für auszugsweise Nachdrucke, fotomechanische

Vervielfältigungen (Fotokopie/Mikroskopie), Übersetzungen, Auswertungen durch Datenbanken oder ähnliche Einrichtungen und die Einspeicherung und Verarbeitung in elektronischen Systemen.